Palabra sin fin

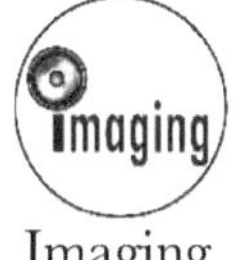

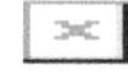

Imaging espiral publishing

Palabra sin fin

Juan Cervantes Morales

imaging, espiral

Juan Cervantes Morales
ISBN: 978-0-9981706-7-1

Cover picture: Mount Angel Abbey library

Imágenes: Juan Cervantes Morales
Por orden de aparición en el texto
©Afrodita divina -Tulip festival, Woodburn OR
©Biblioteca Mount Ángel Abbey, OR
©Apolo y la flor
©Árbol -MT. Ángel Abbey
©Tulipán
©Luna vampiro -Hubbard OR
©Luna nido -Hubbard OR
©Luna y venus -Hubbard OR
©Luna cara -Hubbard OR
©Rizos de sol
©Rizos nocturnos
©Los diablos
©La niña bailando
©Ojos azules -Mazorca

Palabra sin fin de Juan Cervantes Morales, Febrero 2020. USA.

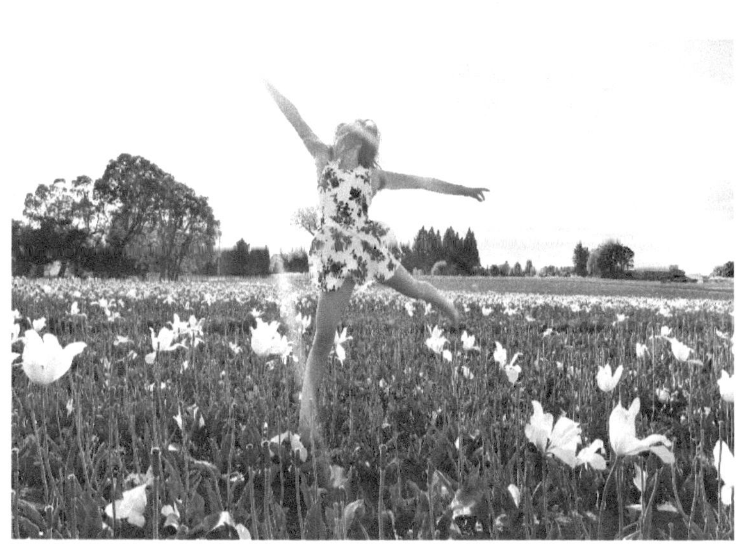

Índice

I. Palabra sin fin

II. Sin luna

Prólogo

Cuando era niño, alguna vez imaginé un libro que *escribiría*. Posiblemente un libro de cuentos, no de poesía. En las tardes o noches, nos reuníamos (varias veces) en familia al rededor de la lumbre en la cocina, para oír los cuentos de mi padre, una especie como de Las mil y una noches. La poesía llegó posteriormente, la poesía escrita digamos, por que primero fueron canciones o la poesía cantada.

Y que mejor lugar para la inspiración donde vivíamos, estábamos rodeados de coloridos campos de flores, los olorosos enebros, los encinos de follajes frondosos y demás variedad de plantas y animales silvestres. En los veranos, en tiempo de lluvia, yo me veía en un paraíso, sobretodo había ciertos lugares que causaban en mi una especie de trance, una paz inexplicable. Me extendería páginas y páginas hablando de lugares y sus nombres, momentos y tiempos, estaciones del año etc., sobre la belleza de ese pasado, por ahora me conformaré con mencionarlo como punto de referencia -en parte- de mi poesía.

Con el pasar de los días, uno va acumulando escritos, ya sean versos, pensamientos, o poesía que llega de imprevisto. Algunas veces me he despertado a las dos o tres de la mañana, con la necesidad de escribir versos, y la felicidad es doble: escribir, y recordar -en días posteriores-, el hecho de esto que me ocurre. Otras veces, la poesía llega durante el día, llega de repente, como se dice: "sin avisar". Y que bien que ocurra de esa manera; me pregunto, si uno se diera cuenta que 'ya viene'; algunas veces, uno trataría de evitarla...? Evitarla, sería negarse al arte de la felicidad.

He dicho que la poesía es por "inspiración", esto no quiere decir que es fácil escribir, escribir es tan difícil, que uno puede comenzar a escribir un poema, pero uno no sabe si se tendrá éxito o no; si uno logrará cumplir con esa necesidad del espíritu. Escribir es placentero, pero también es una tarea donde el espíritu exige una manifestación mas o menos "plena" de lo que se quiere decir. Posteriormente, viene el hecho de corregir palabras, cambiar sintaxis, etc., -acto muy secundario. La cuestión es -digamos-, si el espíritu se ha desahogado, si no -como decía Borges- uno se siente desdichado.

En este camino de la poesía, he descubierto muchos libros, o versos maravillosos, y me ha sido grato grabarlos en mi memoria para recitarlos en voz alta, o mentalmente como una forma de meditación poética. Y cada descubrimiento es tan placentero que vuelvo a despertar esos versos con frecuencia. No mencionaré versos o libros ahora, caería yo en una injusticia si de pronto olvidará mencionar alguno. Pero si me atreveré a decir, que quienes estuvieron primero frente a mis ojos sus poemas, fueron: Sor Juan Inés de la Cruz y los poetas del romanticismo. Quedé fascinado con esa poesía.

Ahora ya en este tiempo, no me he imaginado "escribir un libro" como comúnmente se dice. No se puede escribir un libro de poesía, para la poesía es necesario decir publicar, dado que la poesía se escribe sola, y el poeta se deja llevar por ella. Si uno se plantea intencionalmente la idea de escribir un libro de poesía, se cae en un hecho falso, que puede a llevar a no escribir nada, o ya no se escribiría lo que el espíritu quiere decir. Uno no puede pensar en escribir para ciertas audiencias, minorías, mayorías, clases sociales, o algo que sea intencional; por que lo intencional lleva a lo especifico. Ese es el privilegio de la poesía, de ser tan vasta y tiende a esa libertad infinita. Se puede, escribir libros de matemáticas, de ciencias naturales, de investigación, etc., pero en la poesía es difícil que eso funcione. Compartir la poesía, es cuestión de personas, se publica un libro, por el placer de compartir lo que ya se escribió, es decir se toma de una colección, del cuaderno, del dispositivo electrónico, donde sea que se guarde la poesía *"escrita"*. Y para gustos, cada individuo siente la poesía de manera distinta, cada uno puede o no sentirse atraído por cierto verso. Uno puede sentir la belleza de cierto verso, tanto como no sentirla, dependiendo del momento, circunstancia, del tiempo en que uno vive, o del pasado que lo hacen a uno como individuo.

Esta ha sido mi experiencia con la poesía, a través de los años he escrito solo por el placer de escribir. Publicar ha sido un hecho muy secundario, ni siquiera es necesario; si ahora comparto aquí unas cantas líneas, es mas bien por una necesidad de querer compartirlas, deseo, es digamos, una necesidad poética —o imprudencia poética. Uno lanza al mar las palabras, para olvidarse de ellas.

—El autor

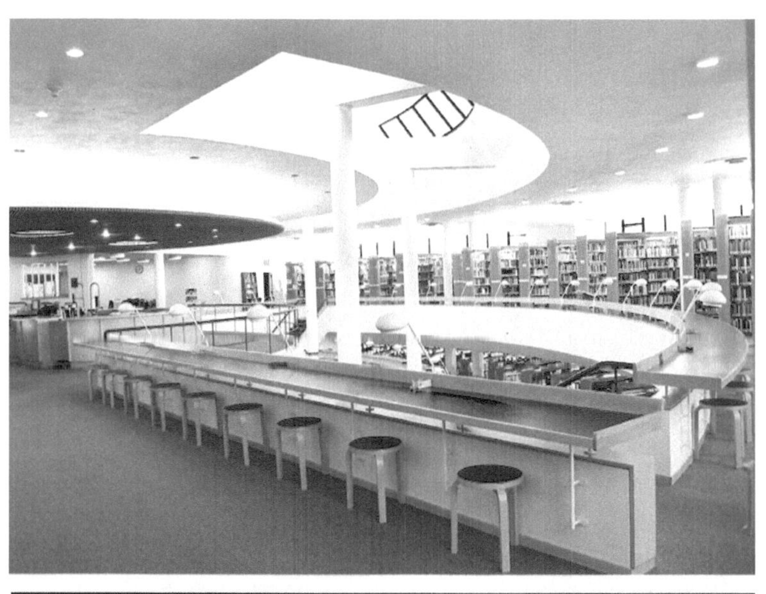

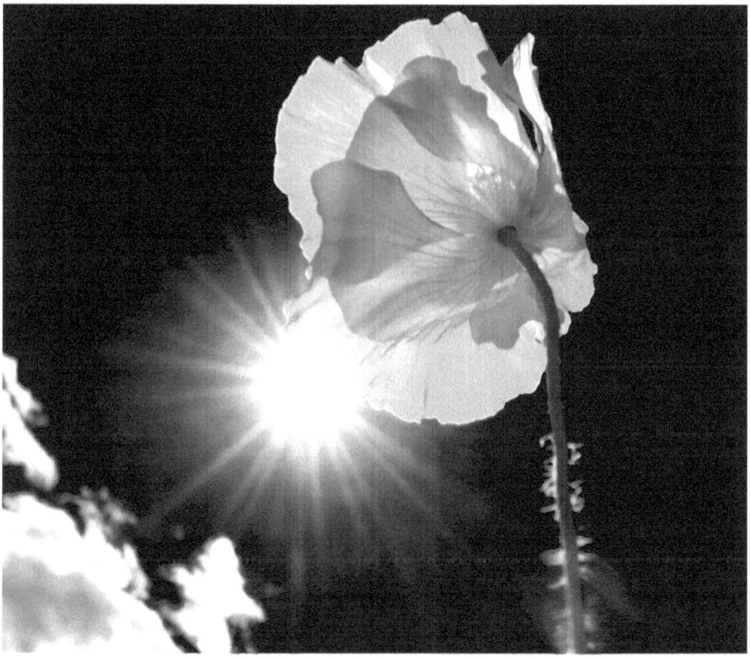

I. Palabra sin fin

Sueño de un gato

Este, era una vez un gato, si, un gato
el cual soñaba que yo lo soñaba.
Bajo el árbol de la vida, él estaba
dormido. Soñando llevaba rato.

Fijamente, entre sueños nos miramos
a los ojos. En un instante era hombre
soñando un gato, sabía su nombre
de felino humano: Hereo de Samos.

En otro instante parecía torre
elevada al cielo, en su pelo fino
se despertaban ojos de un felino.

Desperté en un sueño junto a la torre
sabía que soñaba y era yo el sueño
de un gato, desperté el gato y del sueño.

Ana Vidović

Llega Ana Vidović al escenario, sonriente.
Una pausa se abre en el tiempo, silencio, brío,
hasta que etéreas manos llenan el vacío
con notas sonoras de guitarrista excelente.

Desde la nota más grave a la nota más fina
encantan al oído, haciendo vibrar el alma.
Cedro inmortal, inmortal árbol de amor anima
entre acorde y acorde, el alma de la bella Ana.

En su guitarra va palpando notas amenas,
en el rítmico vaivén de sus manos divinas,
¡oh, qué grande amor emana de su alma clásica!

Dulce música, embelleciendo almas por el mundo,
dejando en cada espacio: sentimiento profundo,
tu nombre, Ana, quedará signado en la música.

La ñ

A esa letra cariñosa tanto amor le ven
los niños, ausente en las filas del teclado,
¡qué falta le hace su cabellito peinado
para no cambiar su significado de tren.

¡Qué falta de moral, al decir: feliz ano!,
tráeme cana de azúcar, si el pelo fuera,
—con gusto— dulce, otra cosa no dijera.
Sin ese flequillo todo cambia de tono.

La lengua inglesa adoptó una letra vecina
en su ausencia, pensando en el signo gráfico
al no hallar en otra letra su fonética.

Compusieron con tal cirugía estética
la "letra rota". Desentonado cántico,
sin eñe se pierde la lengua y una fortuna.

Desde el primer golem

De amor y muerte tal fue la primera suerte
en un inolvidable jardín, de Caín y Abel,
progenitores, y a su vez estos de Babel;
en su odisea aquel Golem solo la muerte

tendrá por compañera hasta el fin de sus días.
Más allá del amor, más allá de la muerte
sólo nos espera el inmenso sueño, suerte
del polvo y de la vida sus fieles memorias.

Solo es nuestro lo perdido: el pasado, brío
que perdura en la fuente del olvido; la edad,
deseo: tal suerte erige el arte soledad.

No habrá pues en el ser un mayor desafío
que el arduo camino de amar y también morir
hasta el fin de sus breves días en el porvenir.

Eagle Creek

Todo nos amenaza, desde el fuego que arde
y las crepitantes llamas, tristes los niños
no por el humo, sino del fin de sus sueños.
¡Qué des alegría nos anuncia la tarde!

Los muchachos en Pioneer Square inhalan
solo cenizas de sus sueños mutilados
por el hacha de blanco mástil, lastimados,
su voz oscura entre muros que al cielo se elevan.

¿Por qué paisajes fluirán tus aguas Eagle Creek?,
¿en qué mar soñaras que fuiste arroyo una vez?,
tus alas y sueños cortó la mano de un juez.

Céfiro alguno no hay que despeje el cielo gris,
ni mejor tiempo para sembrar el terreno
fértil, y la llama favorezca el río ameno.

Hiedra

Se dice que tus besos son veneno
y todo aquel, que de ti se enamora
siempre se perderá en tu enredadera,
que mientes, aparentando ser lino.

Que tú no amas y solo te entretienes
dando engañosas esperanzas de amor,
sin pensar que al amante causas dolor
¡ha!, pero la compañía que tienes

un día te quedaras sin ella, hiedra
venenosa, y tendrás solo la piedra
para tus raíces, y todas tus destrezas

se secaran. No será mas dulzura
tu engaño, morirás como en la pira
cuerpo sin alma termina en cenizas.

Fuego

"Of course I love you,", the flower told him. "It was my fault you never knew. It doesn't matter. But you were just as silly as I was. Try to be happy… […]

—The Little Prince

Fuego, fueron tus palabras de fuego.
Disparaste con tus labios a mi oído
y me deje morir por tu latido
con modestia: «ya no te quiero conmigo»
declaraste, liberando tu pena
era tu espada peor que el acero,
hubiera sido mejor el acero
atravesara en la profunda vena
del cuerpo, y terminara el espíritu
su pena. ¿Cuánto del amor sabes tú?
Que te vas porque mi amor no es divino
y yo, quien soy para juzgarte si amarme
no quieres, de ti tendré que alejarme
herido y sin entender el destino.

Espejo de mis memorias

Divina luna: «espejo del tiempo»
llevas en tu paso aquellas memorias.
Al mirarte recuerdo las historias,
la voz de papá y la casa de campo,
noches alrededor de la fogata,
de los cuentos de Las mil y una noches,
la obra del rey Salomón y pasajes
de la biblia. Mas leña a la fogata
echábamos para escuchar mas cuentos.
Recuerdo observamos también los astros
así memorizábamos sus nombres.
Bella luna, espejo de mis memorias
contigo este ditirambo y otras glorias
lleva allá donde habitarán los hombres.

A Elsa Mejía

Y aquellos días, y a sus generosas
tardes salta mi memoria en el tiempo,
juntábamos las conchas en el campo.
Enverdecía el césped y las rosas
revivían sus espinas, la lluvia
llegaba. Aquel verano inolvidable
me trae siempre recuerdo interminable.
suelo recordar —al caer la lluvia—
esos días del pasado, evocando
lugares y veredas, cuando íbamos
buscando las formas de los silencios
en la piedra. Hoy recuerdo ese pasado
y volver ansió como los veranos
verdes siempre vuelven todos los años.

No es mi devoción

¡Pobre de mí, se queja la tristeza,
pues no gusta de tanta compañía
¿qué hago?, soy amoroso sin alma fría!,
y no es que busque en ella fortaleza

sino que al caminar en este mundo,
buscan en uno las melancolías
en arte expresar sus filosofías
así uno cede al deseo profundo.

No soy de la tristeza ni soy el triste,
sino mas allá de ser yo, y ella en si ser
la encontré aquí por favorable suerte,

desde entonces le sigo así este chiste
con astucia constante sin tanto ver
por esta devoción de mi alma fuerte.

Designio ufano

Cuánto vale tu amor Helena mía
que caerán los muros de la ciudad
y sangre divina y de los mortales
héroes correrá en el Escamandro.
Cuánto vales divina Helena, que Ares
incita las armas de Apolo y Diana.
Has de perecer por haberme hurtado
traidor Priamida, caerás a mis pies
y tu cuerpo será para los perros.
¡Cuánto sufre mi espíritu la infamia!,
y cuál será el precio de tu regreso
qué dios favorecerá mi deseo,
qué dios condenará el valor de mi alma.

Sarah

Las ilusiones perdidas

(Noches de Nietzsche, Sarah anhelante
de un novio perfecto: 11:49 pm)

Se detuvo en una página:
aunque la razón niegue el amor
el corazón siempre negará
el capricho cosmogónico
tal pensamiento apropia tu ser,
una hoguera funde la idea
de ser feliz mirando siempre al Cielo,
del silencio que no responde
más que con noches solitarias,
y deseos de hallar al hombre
tal prometen esas páginas
cuyo arte infiere antagonismo
al amor y la verdad de tus días.

Sean cumplidos tus anhelos,
sea olvido —aquel nombre y el rostro
del amor—, un sueño que borró
la mañana de un día cualquiera.
Prueben esas páginas la existencia
de la Voz, calle para siempre
aquel corazón obstinado,
y se interponga a sus razones
vanas el Hacedor de todas

las cosas, condene su intención.

...Lágrima tras lágrima, cerró el libro,
lloró sobre la carátula.

Utopía del amor

"my love, my love, my love why have you left me alone?"
—James Joyce

Tú, mi dios del silencio, patria
que conmueves mi alma y habitas
el tiempo, y en su misterio oficias
desfavorable afecto, fría

es tu imagen, desatendiendo
el sentimiento que profesas,
cual presente —mi dios— confiesas
debo siempre estar entregando.

Y si de aquel abril me quejo,
y si a tal desentendimiento
justifico, —y mi afán es tanto—
guarda pues en ti mi reflejo.

Cúmplase pues mi dios, el tiempo,
sea tu arte en mi sangre ejemplo,
aunque este inmerecido templo
quede en el olvido al fin del tiempo.

Días de escuela

x)

Aquellos días, nuestra lengua era numérica
siempre estudiábamos los problemas del álgebra,
los problemas de la lógica y la estética.
Era usted como siempre el gran maestro, Mónica
inteligente, con su buen humor, nos enseñó
las funciones trigonométricas de los senos,
la matemática de los pares, los inversos
y otras tantas cosas que uno aprende desde niño.

y)

No sólo eras el gran maestro de los números
sino también del arte y de la cosmogonía;
yo, apenas, menor que Dante, y usted el gran Virgilio
recorríamos aquel camino de las sombras.

3 de mayo

I

Cristo, se habla tanto de ti en la tierra
se honra tu existencia cada domingo,
nada nuevo desde el pasado tengo
que decir ahora, al igual la guerra
y las mismas ideas e incompletas
batallas de la sufrida esperanza
si bien a tu imagen y semejanza
la razón y el corazón son las metas
que poco hacen entender al humano
y sin inquietud otros tu palabra
aceptan, y hallar la luz en la sombra
es el pesar diario. Con agua y vino
se enrojece la sangre de los ríos
Jesucristo rey de los judíos.

II

No es una ironía esta la que escribo
ni por justificar las otras tantas
(Por si fuera esta una de esas tantas)
sino porque reclama un incentivo
el alma, y en mi palabra tal consuelo
encuentro. No soy digno del gran dolor
poca es mi desventura para el dolor
de un gran Job, inmerecido del cielo

soy, pero si algo —en esta corta vida—
yo soy digno de pedir, Nada pido.
Qué mas se puede pedir loca Vida,
que el honor infinito del olvido.
Y todo puedes pedir, pero nada
esperar, si la fe se ha despertado.

Desde otras fronteras

A mis muertos

Allá quedaron mis muertos, ¡hay muertos
otra vez!, muy lejos desde otro cielo,
solo en sueños los veo en el desvelo
de mis largas jornadas tal los vientos

deleitan lamentos en los altares
de noviembre. ¡Qué me sea propicio
cada astro volver ante el precipicio
oír susurros del altar de manjares!

Como preso, lejos de esas murallas
vivo, y de mi memoria en su tempestad
se me figuran luces de esa ciudad

oscura, donde solo quedan huellas
de la vela que arde hasta el amanecer
cuánto ansío aquel día al atardecer.

Lilith

(Adán antes del fin del mundo)

¿Por qué no fuiste carne de mi carne
es que habitas fuera de mi ser, Lilith?
¿No eres tú, quien por voluntad divina
serías, mujer, la madre del mundo?
ya ni mi pluma te salvará ingrata,
tus engaños serán arduo castigo,
y amarás siempre con fervor sin hallar
la fuente del amor, arderá el fuego
de tu miel en un río sin hallar mar
de desahogo.
No menos cruel será el destino mío
el ángel me augura la mortalidad,
qué por amor, descubriré la muerte.
¡Hay de mi suerte, no fuera voluntad
del Divino!

Bajo los escombros

(19 de septiembre 2017, Ciudad de México)

Y bajo qué aurora, bajo qué escombro
hallaré tu rostro, y bajo qué sombra,
pues aquí solo el abismo habla y nombra,
dónde estas cuando el dolor es en mi hombro.

Si es justo así morir bajo la cimbra
como presente por mis osadías,
así cúmplanse pues tus profecías;
pero, por qué un niño bajo la cimbra.

Acaben mis días, las largas horas
pasen al olvido mis desventuras,
a esta última hora no entiendo mi miedo,

según si a mejor vida mi alma aflora
por qué huir del escombro mi ser implora
si la dicha es, al pasar a tu lado.

Quien nunca muere

Esa muerte a mi encomendado Santo
le teme, que lo inmortal la entristece,
quisiera ella ser día que amanece
en el patio gustar del paso lento.

La conocí un día, era tan oscura
seca de huesos, a sus flancos tendida,
llanto soltaba al son de Sacudida,
(ingrata) al percatarme de su amargura,

marché hacia el dulce río mientras tanto,
tal un sol brilla al canto del colibrí,
era uno de esos noviembres cuando la oí.

Y cánsate de verme vivir tanto,
polvo no es mi símbolo, ni mi canción
silencio sino de las cosas alusión.

Tindú

De diferentes lugares vinieron
así cuentan, según los hombres sabios;
cuentan historias de sus propios labios
que junto al Sabino grande edificaron
con palma los primeros pobladores.

Hablaban unos mixteco, otros tantos
castellano. Edificaron su templo.
Unidos siempre fueron buen ejemplo,
para sus hijos que se hicieron cientos,
donde salieron buenos cazadores.

Ahora siguen otros llegando, y otros
lejos se han ido en busca de sus sueños,
moradas abandonadas sin dueños,
en madrugadas oscuras los potros
relinchan el Dieciséis sin honores.

Solo los viejos y pocos jóvenes
en el pueblo habitan. Secos algunos
fresnos, verdes aun los grandes sabinos,
para la memoria estos son los bienes
que el alma guarda Tindú de las flores.

Del otro lado

Del otro lado del mar esta mi amor.
Nos une el sol y la tierra que gira
nos abraza el viento, y cerca nos mira,
no es nuestro el destino pero si el amor.

No es real la vida que nos une, sino
un cuento de hadas, y la no cumplida
dicha, ni los mares de Ulises, sino
el sueño de los hados, y la égida

de un dios que nos abandona al olvido.
En otra vida quizá nos espera
el amor y felicidad entera,

en otra página quizá Cupido
se hace necesario para el futuro
exista el amor nuestro. A ti, te quiero.

Sarah Afrodita

Muy suave es tu mirada en esos ojos
de niña, un encanto que condecora
tus pupilas, así feliz aflora
el azul y lo bello sin despojos.

Mi Sarah mirarse en ti quiere el mar
soñar con el agua dulce del río
de tus arterias, y ser como un río
que va por el mundo oyendo tu cantar.

En ti amada niña vive la bondad
dispersándose como la libertad
endulzando inexpresivas miradas.

En ti bien sea de cerca o de lejos
todas las cosas buscan sus reflejos.
¡Hay en tus ojitos, ojos de Afroditas!

Inmensa mirada

Tu me mirabas con aquella inmensa mirada
que nacía desde lejos por el horizonte,
entraba en mi pecho tu mirada latente,

sentía que tu luz en mis venas se quedaba.
Estabas frente a mí, y tu cuerpo encendía su luz
y mi cuerpo despertaba; en su piel florecía
vasta luz que a mi pecho tu mirada cedía.

El resplandor era como el que proviene de Zeus.
Y desde entonces estas frente a mí, mirándome,
llenándome de luz, sombra, calor y alegría.
Desde que mis ojos te vieron cuando nacía
el mundo y dabas a la vida color sublime.

Agua del olvido

Si pudiera, si tan solo pudiera
del Lete beber sus aguas inmensas
para olvidar tu amor, las noches densas
de desvelo y esa tu vana mentira.

Qué se me borre toda esa memoria
que llenaste de presencia lejana,
hiedra, por que estando tu tan cercana
no querías mi amor por compañía.

Qué los dioses del profundo mar borren
mi alma, se consuman en el vacío
al fin, las amargas horas de hastío.

Calle para siempre tal flor sin polen
el amor, qué en silencio se consuma
sobre las olas triste mar tu bruma.

Melina de los ojos claros

Mi Melina, a cada instante te pienso
bella, Melina de los ojos claros
dulce, como el azul de los luceros
es tu mirada, tu encanto es inmenso.
¡Oh, descendiente de Alejandro el Grande!,
bella violeta de amor no de azares,
de tus ojos se pintaron los mares
con el azul que hasta el cielo se expande.
Niña de ojos claros, amor divino,
—regalo predilecto de los dioses—
como divino fue el amor de Ulises.
Del amor sobrehumano es mi destino
arte divino, mi piedra preciosa
serás siempre de mi jardín la rosa.

Fuente inagotable

I

De un amor inagotable
absurdos muros de ausencia,
al tiempo obscura sentencia,
bella, más tú inolvidable.

¡Quién fuera grato a los dioses!
qué padeciendo en los mares
devolvieran sus amores,
¿¡quién fuera un divino Ulises!?

II

De un amor interminable
¡oh, mas allá de la muerte!
engendró la loca suerte
el amor indefinible.

De la fuente inagotable
suave emerge el sentimiento
condición o juramento
(del todo) le es detestable.

III

De la fuente inagotable
emerge dulce y a dulzura
se condena en la hoguera
como el fuego interminable.

El amor no es favorable
siempre, mas es resignado
al sufrimiento porfiado
como fuente inagotable.

No pretendo mi escritura

No pretendo escribir,
no, mi alma pretende
ciertas voluntades
y yo me dejo llevar
por sus pretensiones.

El verso se escribe
guiándose en mis manos
no es el verso tinta,
papel, quién podría
—hablando— decir qué es.

Sordina

Cancioncita de amor
que curas el alma
y apagas el dolor
cúrame con bruma

y silencioso mar.
Cancioncita de amor
cántame sin temor
aun quiero más amar.

Cancioncita del mar
llévame a cantar
contigo los versos
de amores inmersos.

¡Cancioncita del mar!

Cancioncita del azar
cancioncita del amor
si me curas del dolor
volveré otra vez amar.

De ti me enamoré
sirenita del mar
pero sin tu cantar
Poseidón me hiere,

y a ese diosecito
ruego y ruego a diario
borre mi delirio,
¡oh, mar infinito!

¡Cancioncita de amar
¡cancioncita de amor!

Las páginas que un dios olvidó

¿Dónde la página —que— augura
mejores suertes, cual patria
el amor es la fundación
de tus manos, cuya verdad
revela justicia y libertad
para el hambriento de prosperidad?
¿Dónde el libro que numera
las páginas favorables
carentes de silencios
prodigiosos y no adversos
al súbdito —plantado ara—
jurando lealtad? Dónde.

No sea vano mi canto
ni lastime el alto clamor
de mi pobre alma la patria
establecida, y haya una
página digna más allá
de desfavorables días,
más allá de esperar Nada.
Más allá de la obediencia
mísera, distante de amor.

Sonatina de los deseos

Soñar el porvenir, anversos
que teñirán al acero
con sangre de dios primero,
riña de abriles diversos.

Es el veneno primero...?
que por preferencia tiene,
el pan y el vino; y contiene
el principio y el fin entero.

Tanto es la ofensa del pasado...?
que desangra por siglos la ira
de tu pecho, como en la pira
templos se erigen al Olvido.

Cantemos salmos y olvidos,
la canción de los deseos,
ditirambos y de oleos
pintemos flores y olivos.

Cantemos salmos y olvidos.

Menelao frente a París

Habéis de pagar con tu vida
maldito perro, afeminado,
y toda tu ciudad entera
será victima de mi espada.
Correrá por el Escamandro
tu sangre y seréis arrastrado
frente a los altos muros de Ilion.
Decida Zeus padre mi suerte,
no haya piedra en el tiempo que honre
mi linaje, si por mi Helena
debo ceder a la voluntad
de Zeus que amontona las nubes;
así sea, mas no sin vengar
el rapto de quien fuera un día
mi amada en la tierra de Esparta
caiga tu cuerpo por mi espada,
y para ti no haya sepulcro
alguno, ni pócima para
verter en las heridas de tu carne.

Disonancias

voz disonante

I

Si, juzga mi escritura
no con palabras vanas,
sino escribiendo rimas
—mejor—, hablando menos.

II

Yo no soy poeta,
nada se de estética;
ni defiendo la rima
que de mi alma emana.

III

Mas, si con estrofa
justificas tu canto;
¡oh poeta, canta
yo bailaré tu son!

Ya se ha cumplido tu profecía

Cumplida la profecía
y cumplida tu palabra
en ti nada falta o sobra
ya es el esperado día.
Favorecido es tu deseo
el pasado es ya olvido,
ya ni el amor es perdido
y ni del dolor su oleo.
Feliz de un dios sin lágrima,
más un Ulises no será
sino dolor en la pira
ya nada tu alma lastima.

Cumplido el tiempo—inmérito—
el olvido —indescifrable—
el silencio —interminable—
—quede todo en pretérito.

Pequeñita de amor

Te amo, te amo, corro a ti
para decírtelo, eres
amor, sabes, el tiempo es
breve, y no se si pueda
decírtelo mañana.
¡Que linda eres, pequeña
del amor! tus ojitos
en ellos los ángeles
vienen a mirar el mundo.
Óyeme atenta decir
tu nombre, en el silencio
mírame, no hay mas tiempo
que este, y sin mas te digo
pequeñita del amor.

Acércate pequeña
¡cuánto amor se siente,
de tu presencia aflora
el arte que enamora,
las palabras, el lienzo
abraza la memoria,
tu cuerpo: movimiento
de la nota mas fina,
afina el compás de tus pasos!
Pequeñita del amor.

Del arte poética

I

Propones menos palabras
propongo solo silencio
en vano es el artificio
si nada dicen las cifras
Tu propones el silencio
yo propongo la palabra
un espíritu celebra
sin vanidad y sin vicio.

Pues si dar consejo, a uno vuelve
menos vano; cumplida será
la función del necio, y cantará
vanidad que nada resuelve.

II

Yo propongo andar el camino
sin manías, sin tribunales,
—eso no cura nuestros males—
y sin sentencias el destino.

Óigase así la voz del tiempo
la falsa y buena profecía
canto para ti cada día
como aquel céfiro del campo.
!Ora, guardemos silencio!

Antes del comienzo

I

Alma mía,
infinita,
olvidando
tu templo este
te iras lejos
un día, si
alma mía.

II

Tu reino es del tiempo
la vida es un juego,
pensamiento soy, si
te palpo —si pienso—,
si te deletreo,
¡alma mía, aun estas
en tu templo, alma mía!

Sarah mía

Sarah, mi dulce Sarah
tarde plena, mi noche
eterna, cáliz de amor.
En ti encontré las formas
de la tierra, apenas
como si el mundo fuera
nuevo. Mujer mañana,
sol, en mi piel te siento
río que desbordas
pensamientos, divino
silencio, inquieta mujer
girando por la noche
vas deteniendo el tiempo.
Poco a poco van nuestras
miradas reconociéndose
en sus pequeños ojos,
mi Sarah, cáliz de amor.

Oración del solitario

Porque te he amado con todos los que soy
rosal sin rosas, florido verano
un día sin estrella y de la dulce
melancolía otoñal, con la muerte
vivo en atardeceres por tu ausencia,
solo abrazado a la memoria encuentro
aquella voz que aun habla entre silencios
una verdad que hiende el acero a mi alma.
El amor es otra cosa, más allá
del bien y del mal; en ti no hay más allá:
dogmas y olvidos, quién soy yo...? lo perdido
cifra entre sílabas desentonadas...

Supongamos

Supongamos que he dicho algo
—Que he nacido… ya hace un buen tiempo—
y mis palabras no son vanas
tampoco sabias. Supongamos
pues, que no peco por vanidad,
y que no es mi oficio la humildad,
no trato, digamos ni aun menos
con mantener un margen medio.
Supongamos soy todos para
ser nada y al final Olvido.

El río del tiempo

Es tu rostro, tiempo
silencioso espejo
donde la mirada
mira hacia los ojos
del pensamiento,
mírame soy olvido
y mío es tu rostro
divino, mírame.

Página espejo,
en el símbolo
esta la infinita
imagen, seres
humanos y dioses
de alfabetos.
Laberinto: paso
incierto, otra cara
en esta se mira
su espejo es un río.

Silencio, silencio
divide las horas,
el sueño también
se presta al espejo,
cada noche vuelve
en otra cara su reflejo.

Oración del Olvido

Donde has ocultado tu rostro,
donde bondad inmerecida
habla el silencio después de mí
qué deseo insiste en encontrar
esa explicación de la vida,
mas allá de mi cuerpo, mi alma.
¡Ha! miserable pensamiento
arena y laberintos, aguas
que no vendrán a calmar tu sed
calla Shalom, calla, y déjame
vivir en las letras dormidas
de aquella épica nunca escrita,
despertar solo por instantes
y pasar al olvido, pedir
es de humanos, yo soy silencio,
y me contiene el universo
cuando oscila sobre el cero
la ecuación que nombra el tiempo.

Fantasma del dulce sueño

Tan cerca de mí, extraña mirada
papeles y grafía vana
de una verdad antagónica
nos separa un muro de silencio.
Vuelve siempre el fantasma a mi lado
canta a mi oído sus palabras
frías, cuando quiero despertar
me finge su cariño, y olvido
quién se quedó sin su presencia.

Páginas y páginas

Esta página, esta página
tal deletrea mi alma rota,
cuánto quiero niña tú seas
mis pedazos para construirme
de esta condenada muerte.

Voy caminando entre las rosas
conversando con el pasado,
esa voz abre mas la herida
desde aquel beso del adiós.

—¡Oh, delirio mío, qué tanto es
el amor por ella
que entregado estoy a desangrarme!—.

La tarde esta hiriéndome con su sol
con tiempo interminable, amor
infortunado, infortunado.

Esta página, es tiempo, olvido
es el destino solo mío,
nunca llegaste aquí, amarte
ha sido solo un sueño.

¡Esta página sin historia!
y sin embargo rememora
el tiempo, la mujer amada.

Esta página no es, sino ilusión
deseo, como la eternidad.

II. Sin Luna

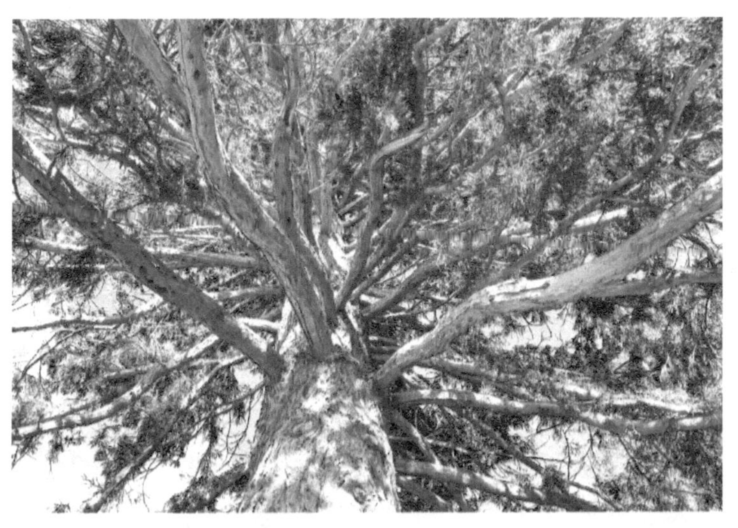

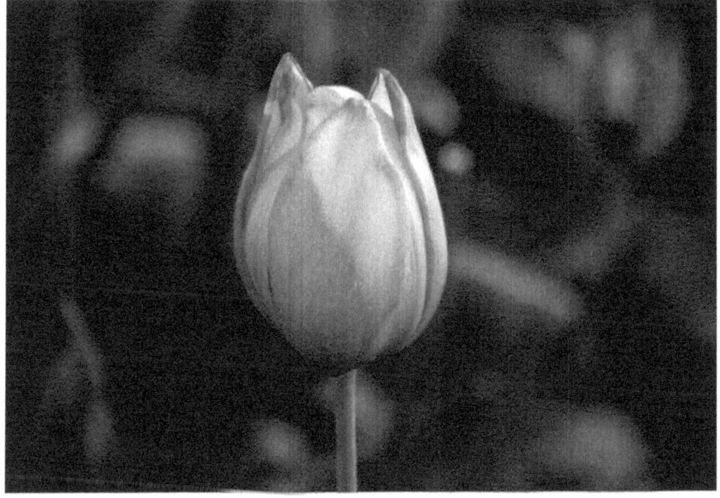

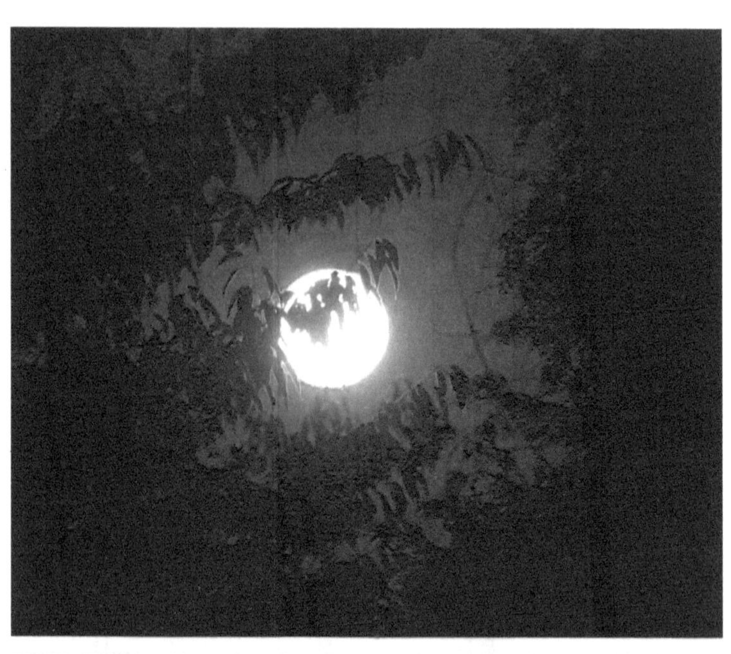

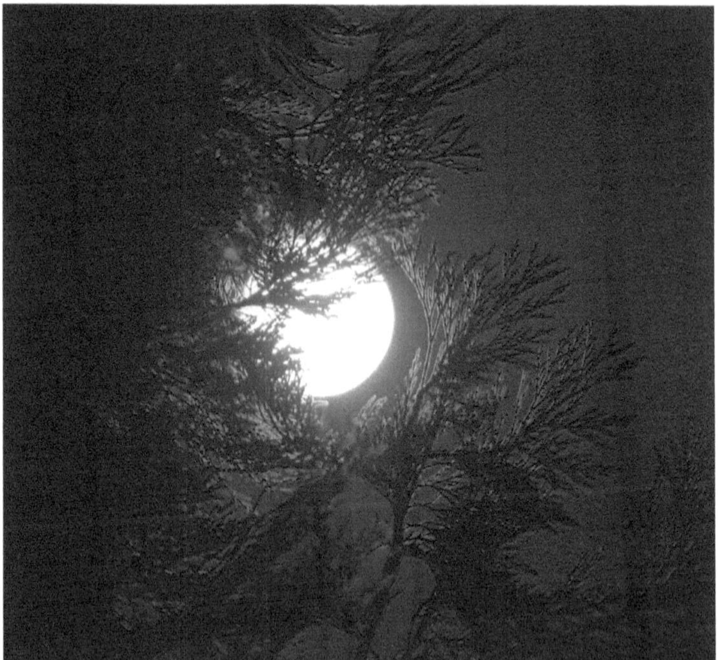

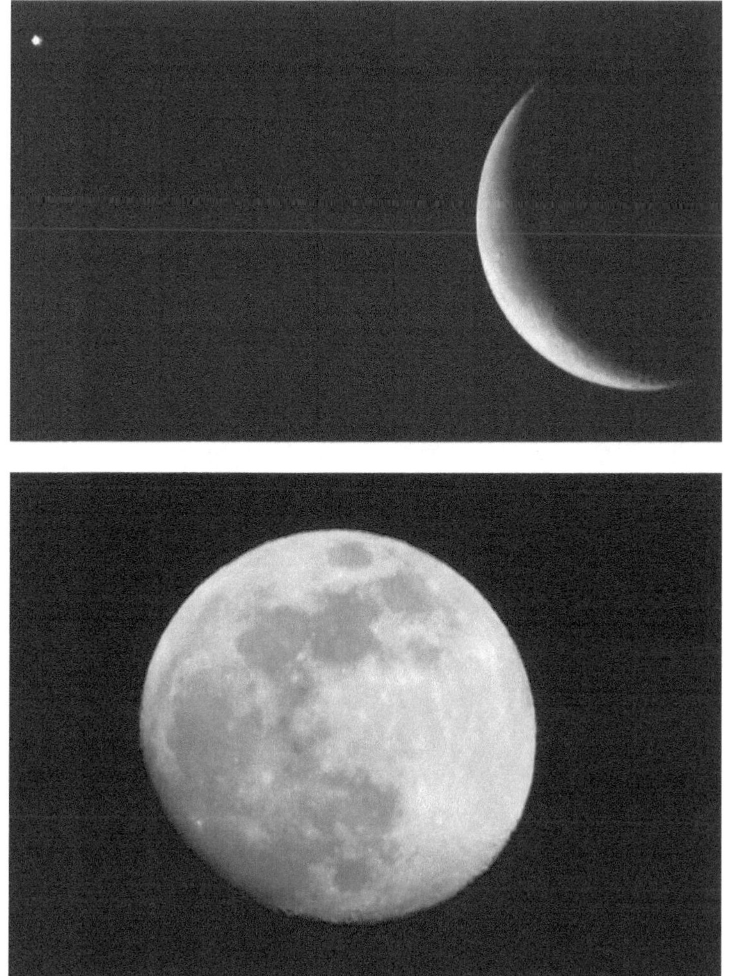

Sin luna

No me basta el arte
a los días que prosiguen
a tu ausencia.
No me basta la generosa tarde
de sol cálido, ni la lluvia
que recuerda tus besos en el cristal.
No me basta ni la dulce voz tenor o soprano
que acaricia mi alma, ni la guitarra
alcanzando la nota mas fina.
No me basta la dulce mirada
de esos ojos azules
que me sonríen cuando frente a mi pasan.
Nada me basta si tu faltas, nada, nada.
¡Qué desafío me da la vida,
descifrar laberintos de dudas,
cartas nunca escritas:
fuego que consume ideas incompletas;
es solo dopamina —es real la vida—;
una ecuación química desbalanceada,
sin cargas positivas,
neurotransmisores
carentes de filosofía!
No me basta la poesía
ni la luna en mi ventana.
No me basta tanto infierno,
ni paraíso entero,
siempre tú faltas.

¡Siempre tú faltas!
No me basta un Darío, un Cervantes,
un Virgilio ni los Homeros,
¡qué grande pena conmueve
mi espíritu si tu faltas!
¡Si tú faltas!, ¡si tú faltas!

Rosa de Castilla

Ven, ven, acércate Juanito
pero no toques mis espinas,
es salada tu sangre
y tus lágrimas,
me secaré si me amas con tu boca,
ámame con silencio, con tus ojos,
con el deseo insaciable, intangible.
Mírame, mírame con tus ojos cerrados,
y con certeza, con la que aman los versos
una palabra hueca, sorda y fría.
Ámame como te amo sin amarte,
no hay en mí arte: soy una rosa,
tu eres hombre; mi piel suave,
ni mis labios pueden sentirte,
mi alma menos.
Mi vientre no es cuna de niños,
soy una rosa, tu eres hombre,
soy una rosa, llámame Helena,
Dido, Beatriz, Reina, Casandra
u otro nombre, soy una rosa.
Ámame con toda la ausencia posible
con la imaginación a morir
ten esperanza —aunque supieras que no la hay—.
Ámame como si yo fuera real,
y no palabra vana que dice:
ahora estamos frente a frente
como amantes engañados

por la misma circunstancia
—soy una rosa—.

Arte de un dios

—Y fue entonces, un dios pensó
juntemos los ríos y los mares,
el día y la noche, el sol y la luna.
Juntemos las estaciones del año,
y los días fríos y cálidos,
los valles y declives,
tomemos la materia y expresemos
con arte la delicia pura
de cada cosa.

—Juntemos los colores
y pongamos en ellos luz adecuada al barro,
pongamos el agua inmortal en sus venas
pongamos el dulce sabor en su carisma
y caricias verbales en su hablar,
hagamos de su cuerpo adorable al cuerpo
hagamos de su sensualidad
el desborde de la admiración.
Nombremos Mujer a esta inspiración.

Contigo

Contigo el amor cumplió todas las hazañas
del ser y el estar, del tiempo y su perplejidad,
derribó las rígidas murallas
del orgullo, y erigió un muro a la libertad.
Contigo el amor encontró el agua dulce
de los sueños y la eternidad del tiempo.
A través de ti pasa el amor como un río,
con tu cuerpo de arena le has abrazado,
con tu cuerpo de sirena has dado forma
a sus declives para el cauce de su brío.
Contigo el amor unió el bien y el mal.
Contigo el amor, y el amor contigo.

Más allá

For God so loved the world, that he gave his only begotten Son, that whosoever believeth in him should not perish, but have everlasting life.

—John 3:16

Más allá del bien y de mal: el amor,
más allá de mí y tu religión pura,
más allá de todo: el fuego en la hoguera
consume los arduos muros del dolor.
Más allá de antagonismos,
dos cuerpos mueren abrazados al amor
abrazados a la reencarnación… Dolor.
Más allá: nada, solo prosa
de un sueño que me despierta
con agonía cada mañana.
Más allá.

Yordanka y yo

(De las tardes de salsa y tango)
—No te vallas —me dijo, mientras nos despedíamos en la puerta— quédate un ratito, tomaremos mescal, gustas...?
—Pero sólo un ratito.
....Y me quede para siempre.

Dónde

Dónde Ulises te retienen los mares, la guerra u otra suerte…

Dónde estas ahora amor mío,
me entristece la lluvia, me disuelvo
de dolor, de buscarte, de pensarte,
y no hallo más que el silencio
y el frío detrás del cristal,
quizá me buscas
como ahora te busco
y encuentras solo el silencio.
Dónde hombre mío dejas de serlo
para ser tú sin mí o yo sin ti,
me muero sin tu cuerpo,
sin tu voz, sin tu alma,
por que no basta imaginarte,
o sentir tu presencia cuando mi ser
exige de tu tacto y tu cercanía;
por que no basta pensarte
o conformarme con pensamientos
que llenan de Nada el espacio
que espera por ti frente a mí.
Yo quiero verte, y perdernos juntos
en la locura de este amor perdido.

Dónde, en que página de la noche
estas leyéndome, a caso me piensas…?
yo no soy más que la tinta de estas líneas

para vivir en tus ojos un instante.
Dónde estas ahora amor mío,
si tan sólo hallaras esta página
y supieras que tanto te espero.

—Yo sé el destino de las cosas…—
Si soy voz en las líneas de esta página
dame el canto de tu boca: amor,
aunque sea un instante déjame vivir
y después…
—…soy amor, mi casa es el silencio—.

Ella

Mujer, carne mía, de infinitos ojos
mujer que pierdo y encuentro,
mujer de amor desde tu nombre
a tus cabellos, naufragio de mis besos
por tu boca cuya flor cede el agua dulce
a mi alma perdida. Te amo, te amo,
tantos siglos, tantas veces perdida
en otro cuerpo, en otro rostro
mujer de los ojos claros…

Caballo del amor

A orillas del mar profundo el caballo del amor
posa sobre su pelo el amarillo
hablaba de amor bajo el brillo
de la luna, y sobre el azul del inmenso mar.

Tu pelo

Delicado y suave por tu pecho,
el aura lo tiende,
atildado cada uno es,
presumiendo al agostado.

Como el famoso
afín unos quieren ser
otros están resentidos

Épico de vida has sido
que si alguien a tu lado pasa,
su mirada eviterna
es sin parpados.

Alguna vez fui tu Dante o tu Virgilio

Sabes que te amo
que no es vano
si lo repito mil y una vez.
Yo vengo de tantos caminos
como aquel griego o troyano
buscando su reina,
alguna vez la espada
erigió altares de sacrificio,
válgame esta vida
ahora que te encuentro.

Sea favorable este destino
pago por el pasado desdichado,
sabes que te amo Ojos Claros.
Alguna vez fui tu Dante, o tu Virgilio
óyeme Niña de los ojos claros
que no hay duda en mi pecho,
sabes que te amo, te amo.

A media luna

Tu cuerpo que jura a mi cuerpo,
mi cuerpo que jura a tu cuerpo
interminables latidos.
Espuma de mar, luna de tus ojos
para mis ojos, reflejos,
afrodita invencible.

El mundo que inventamos
es nuestro, como un Edén reencontrado,
sin serpiente ni árbol prohibido.
Más allá otra vida nos espera,
más allá, donde ni muerte ni muros nos separan.
Más allá nuestras almas se juran
interminables latidos.
A media luna de tu cuerpo
          tu cuerpo
                    a media luna
                              mi cuerpo.

Fantasma de mis noches

¿Bajo que luna me olvidas?
te miro sin verte,
te oigo sin escucharte,
te palpo sin tocarte,
sin hablar digo tu nombre.
Cuatro números y una calle,
no basta tu ausencia
un mal sueño me castiga
con funesta noche.

Cuatro letras
me recuerdan tu nombre,
un viernes desdichado,
una lágrima en el baño.
El espejo del pasillo
silencia un secreto,
las paredes silencian
las flechas del amor.
El dios del Dolor
hiende el bronce
en mis arterias.

Por los caminos del convento

Por el mismo camino vamos
a destiempo,
nos lleva el destino así,
para no coincidir,
para no morir dudando
si es nuestro el camino,
si es nuestro el amor también.
De amor, dicen, lloró Eneas una vez
no era el amor capricho de los dioses,
de Dido no se conmovió
el padre majestuoso.

El mismo camino ya no es el mismo,
allá es tuyo, aquí es mío, plural espejo.
Y te busco como tal un necio,
¡hay el amor no entiende de razones
ni de la cabeza sus condiciones!
Y a pesar del sufrimiento,
con el corazón sigo eligiendo.
Cúmplase así la profecía y de amor
halle la muerte, por que amor,
a tu amor no renuncio.
Cúmplase la profecía
ya sea tuya o de tu dios.

Infortunios y gracias

Hay de mí, amor errante,
en el viaje de la vida nunca hallará tu lecho,
pues tu lecho espera con mis brazos
complacerse de un amor perdido.
¡Aja! y yo que por este amor
ciego mis ojos, y disimulo que tal verdad existe.
Pero así, distraídos vamos,
tú con el arte
en que soy el actor de tus amores,
yo en mi arte
te encuentro a ti,
amor,
verdad es amor
que
tú y yo protagonizamos un destino
fingido y práctico a nuestros designios,
callas la noticia de tus sueños.
Fieles al amor nos entregamos,
nada buscamos, tú y yo
hallamos en mundos separados
el amor tardío, de esos mundos
unimos nuestro destino
amándonos sin amarnos.
Hay de mí, amor errante.

Hallie ante una tumba de Mount Angel Abbey

A veces te encuentro en las palabras,
en cantos de Virgilio o en Reyes,
otras tantas veces en las sombras,
en panteones nombrando el olvido,
si pudiera darte dulzura,
pero solo me pides
que no interrumpa tu llanto
preciosa Hallie.

Margarita Del Olvido

¡Hay, desdichada, y cuán más agradable compañía harán estos riscos y malezas a mi intención, pues me darán lugar para que con quejas comunique mi desgracia al cielo, que no la de ningún hombre humano, pues no hay ninguno en la tierra de quien se pueda esperar consejo en las dudas, alivio en las quejas, ni remedio en los males!

Capitulo XXVIII Don Quijote de la Mancha

¡Tú qué muerta pasas
entre la noche y el día,
vives en la desdicha
de un amor perdido,
inmenso amor
por la muerte te debate al no llegar
aquel, a quien amaste un día!
Margarita Del Olvido,
en la tortura de sus palabras
descansaste tus funestas lágrimas.
¡Cuánto mejor si háyase la muerte!
aquel amanecer dijiste
mientras tendías tus rodillas
en el suelo mojado por tus lágrimas.
Desdichada dedicabas tus lágrimas
al consuelo y al castigo,
invierno frío destino sin trayecto.

¡Tú qué llamas por el último día,
y siempre para cada último hay uno más
—como el infinito eterniza en la espera—,
tan vivo como el fuego
arde así la funesta vida
por tus venas!

Quiera un dios,
oiga mis tardías penas
y como el sol
corta la obscuridad
al amanecer
así cortara la luz que me sostiene,
y aun en la muerte
halle otra muerte
y se borren de mi espíritu
el amor fugitivo,
y sea el recuerdo
solo el relato de un sueño
de un extraño.
Un desconocido
de Margarita Del Olvido.

Daria

Una voz que se esconde
labios lunas reflejándose,
palabras que deshojan el lenguaje,
silencios callados,
se manifiestan los sentidos.

Las horas se pierden
entre tus labios,
a veces un silencio se queda en silencio,
a veces se pierde en tu mar,
gestos sumisos y divertidos
tu rostro es una fuente
donde brotan los colores de la flor.

Niña

No dices nada, niña
y nace de la ternura
una marea que deslumbra
la voz de tu cálido rostro.
Aroma de algas que se abren entre tierras
de sublimes delirios,
fuego de clavel nocturno
y noche de luna caliente.
No dices nada, niña
y el silencio habla por tus labios,
ángel de ternura que naces de la mañana
como alegría que se viste y se deshoja
y otra vez vuelves a ser tú:
noche de miel, niña.
No dices nada, niña
y todo deja de ser,
y solamente eres tú,
tú que caminas, cantas, ríes, escribes
y abrazas la paz del día.
Niña, patria de mi amor.

La otra voz

Es ya sólo un deseo tu cariño,
veneno, un deseo que mata
un grito agónico.
Ingrata luna—, me veo como un niño
de aquella prosa del ruiseñor y la rosa,
de esa vida inmortal, esa otra cosa
que llaman amor, que no se aleja
de nuestra realidad compleja.

Es ya sólo un deseo aquello
que busca consolarse con olvido.
Es ya sólo un deseo aquella vida,
la inmortal, la indefinida
sinónimo de eternidad.
Otra es la vida que me espera,
otro el canto que un dios no implora:
un paraíso que ya no aflora.
Es ya sólo un deseo tu cariño.

Desde una mirada

Tus suspiros en la rima
Niña un arcoíris dibuja tu mirada.
Hermosa tú como el clavel
yo el ave de tu flor,
cantaré sobre la yema de tus dedos
y el placer llenará tu boca de miel.
Sonríe que tus labios son pétalos
encendidos de gozo.
Dulcísimo sueño que se verte
en noche silenciosa y profundo pensamiento.
Dormida bajo una llanura de besos
dos olas suspiran la pasión
de tu divino soñar.

Un poquito más allá

De tu ombligo
hacia tu piel silvestre
donde fecunda el polen
donde aflora un gesto desesperado,
desde el seno
al sueño de venus
al fuego que arde con la miel,
más allá.

Suave condena

Suave condena, son nuestros
los jardines y los campos
de la mágica Ítaca
de esta modesta guerra
donde un Alejandro soñó
siempre ser un gran Ulises...

Suave encuentro, palpitan
los siglos en tu pecho,
las páginas ante nuestros
ojos son espejos, prosa
de silencios, arpas y cantos.

Suave canto nos condena
al por porvenir
y su épica metáfora.
En otro tiempo este canto
será nuestro canto.

Allá estamos otras vez
frente al espejo del tiempo,
suave condena.

Dónde, dónde

Dónde...
Dónde se ocultaron las noches
que cerraban tus ojitos en mi pecho,
dónde duermen los besos
que juraron tiempo incondicional.
¿¡Dónde encontró el Olvido su lugar
dándote libertad de volar!? [...]
Dónde…

Cuando el amor se va

Cuando el amor se va,
se va volando, volando
lejos, lejos de su pasado
y cerca del cáliz de la flor.
Cuando el amor es
lo que nunca fue...
como el amor desdichado,
que perdura,
que perdurará en la tinta
de una página nunca escrita,
de la poesía nunca dicha.

Yo te amaba como ahora te amo,
como te amaré siempre
así lo ha dicho mi pasado, siempre
irse es un forma de quedarse,
quedarse en la eternidad errante,
lo sé, te vengo amando desde hace tiempo.

Cuando el amor se va,
se va en el otoño,
si se va en antes de la primavera,
será amor..?
Cuando el amor se va…

Deseo vano

Cada noche,
pero no pasan las noches;
cada instante,
pero no pasa el tiempo;
cada ausencia,
pero no es el Destino presea,
capricho del Hacedor.
Cumplido sea el amor
en su aserción más vasta
no en el destino
de un solo hombre.
Dios existe.

La voz del ángel

Tu brío es una utopía,
no puedes disimular tal verdad insana,
yo se de tus sueños y tus días,
a tu ánimo una lanza vadea
cuando la rosa rehúsa acariciarte.

Ella no te aspira querubín,
que si ha hecho tanto por desearte,
pero sus ojos no logran ver tu luz,
aunque a veces se tiñen de tu matiz.
El cielo te escucha hombre,
que ha levantado tu corazón fuerte,
el cielo con su atuendo
seca tus lagrimadas preces.

Soy la voz de la vida y de la muerte
tu dulzura es luz sublime.
Soy el emisario
que le lleva a su pecho tu dicha,
sé hoy prospero por tu sentimiento.

De tu pecho se destila
el dolor con un afecto vivo,
¿cuánto más sacrificio tu ser puede dar?
Dame tu mano,
te llevaré a las nubes de la tranquilidad
donde los sueños y la imaginación emergen,

la música de las esferas aliviará tu dolor
sigue mis alas, una sol te espera.

Funciones del seno

Dos cuerpos abrazados
siguen el movimiento
armónico de sus átomos,
allá, adentro la función seno
guía los cuerpos.
Se oye el sonido del alma.
¡Óyeme!

Lluvia

Lenta cae la lluvia,
lenta es cada lágrima en mi cara
sufro, sufro lenta agonía
mientras te espero,
mientras te hago existir
en el pensamiento.
Hasta esta noche
no veo el cuerpo de tu espíritu,
y solo te siento
mientras te invento.

Lenta me ocurre la vida
lenta y eterna la esperanza
y a veces creo olvido
que te espero y solo te amo,
te amo, y en esos sueños de locos
me amas también.

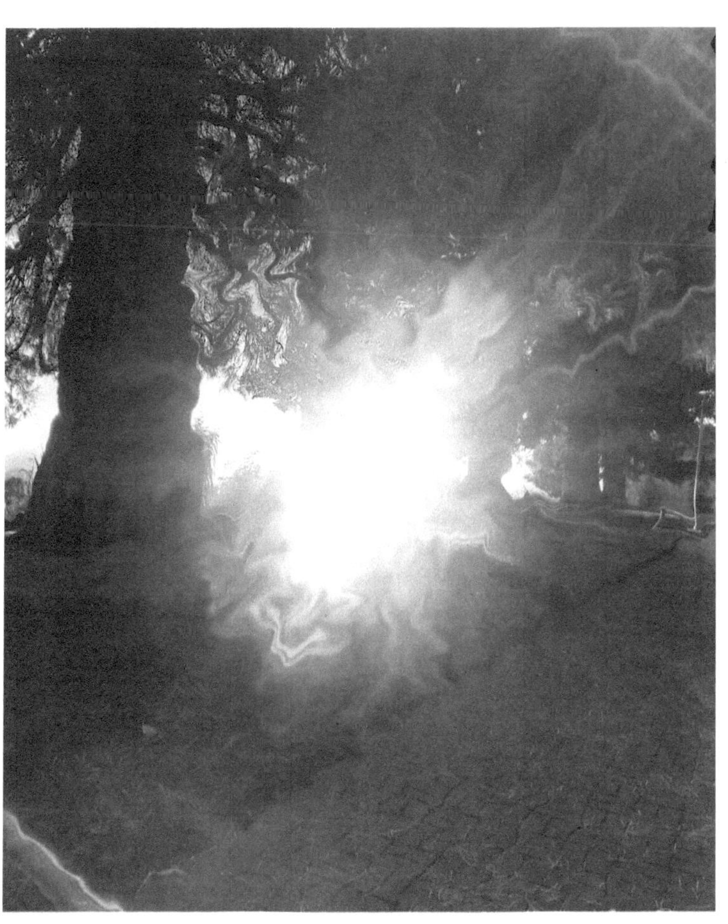

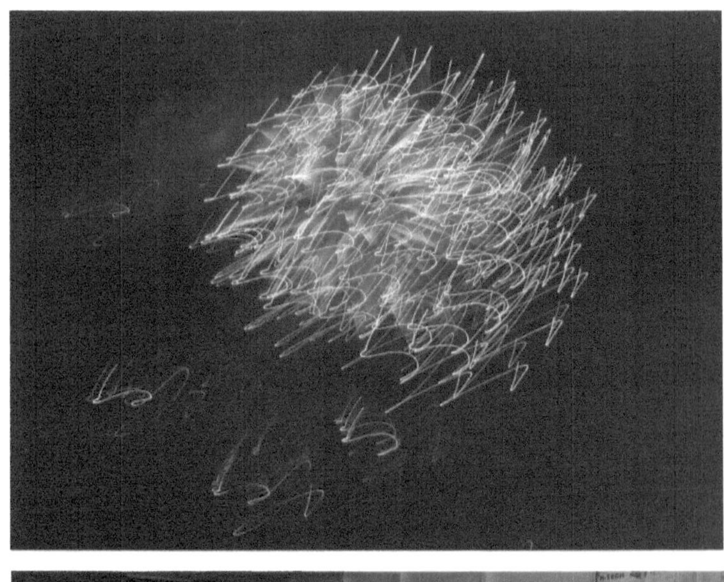

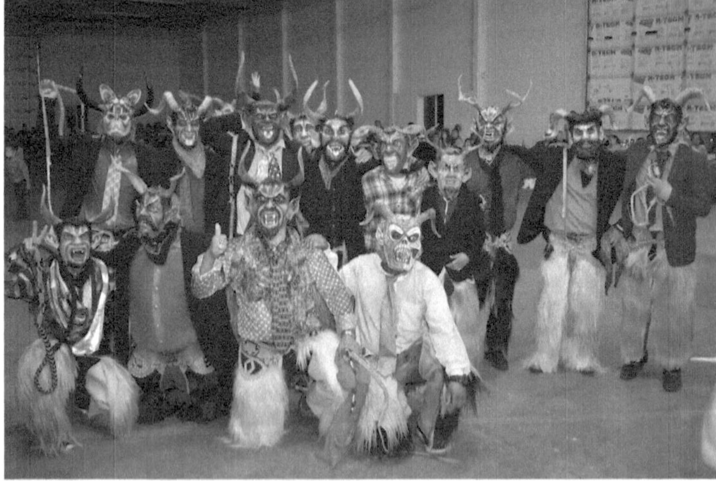

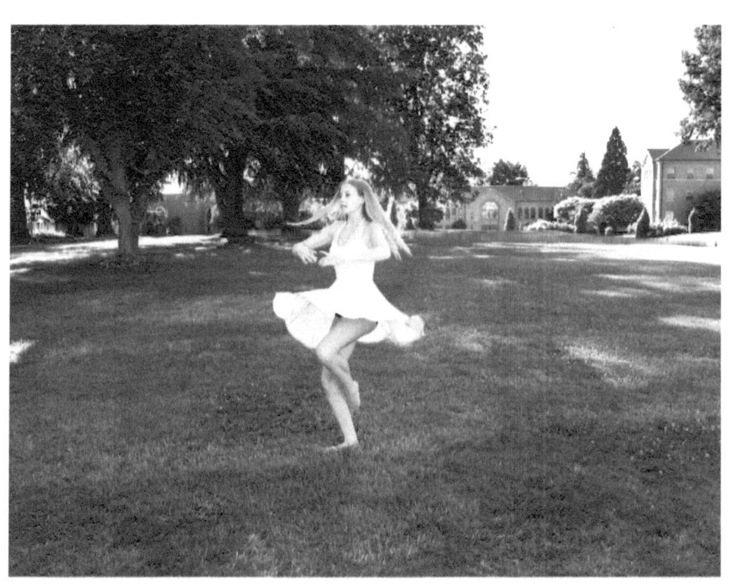

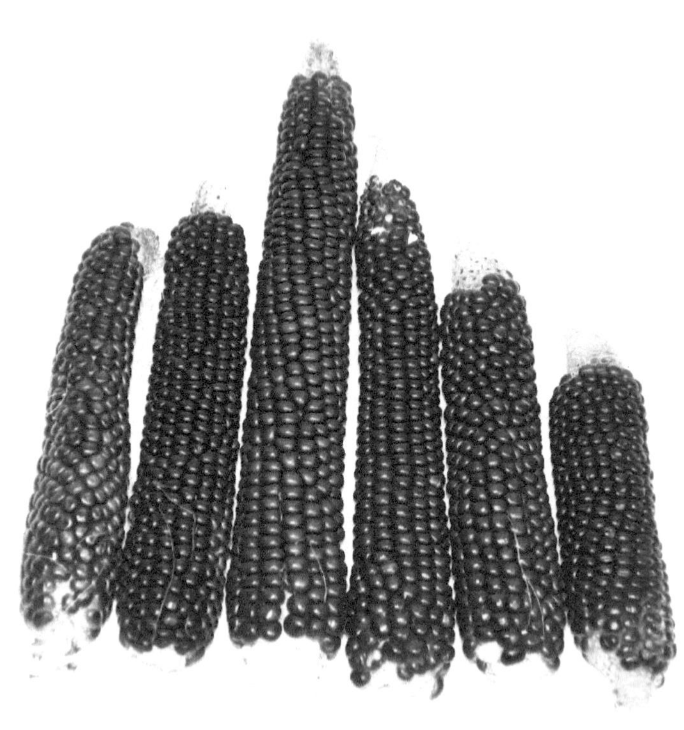

www.ingramcontent.com/pod-product-compliance
Lightning Source LLC
LaVergne TN
LVHW091011080826
845145LV00003B/1224

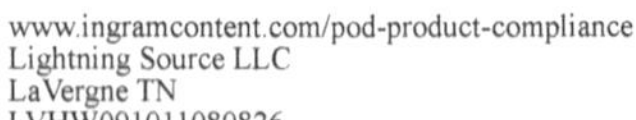

* 9 7 8 0 9 9 8 1 7 0 6 7 1 *